BIOGRAPHIE

DU

LIEUTENANT POJASINI

PAR

C. F. Mauconduit

Prix : 1 fr.

Bolbec. — Imp. A. Fergant.

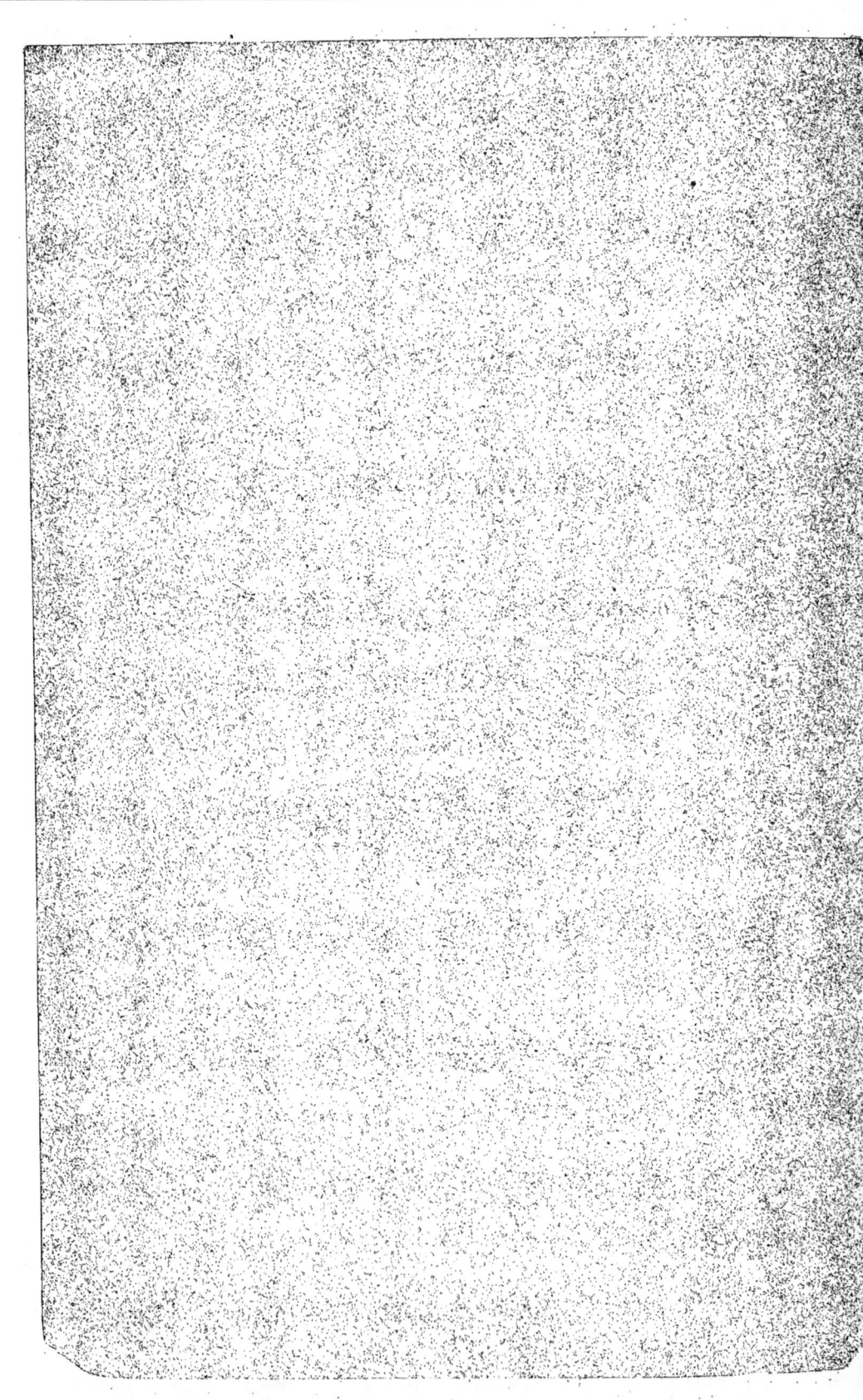

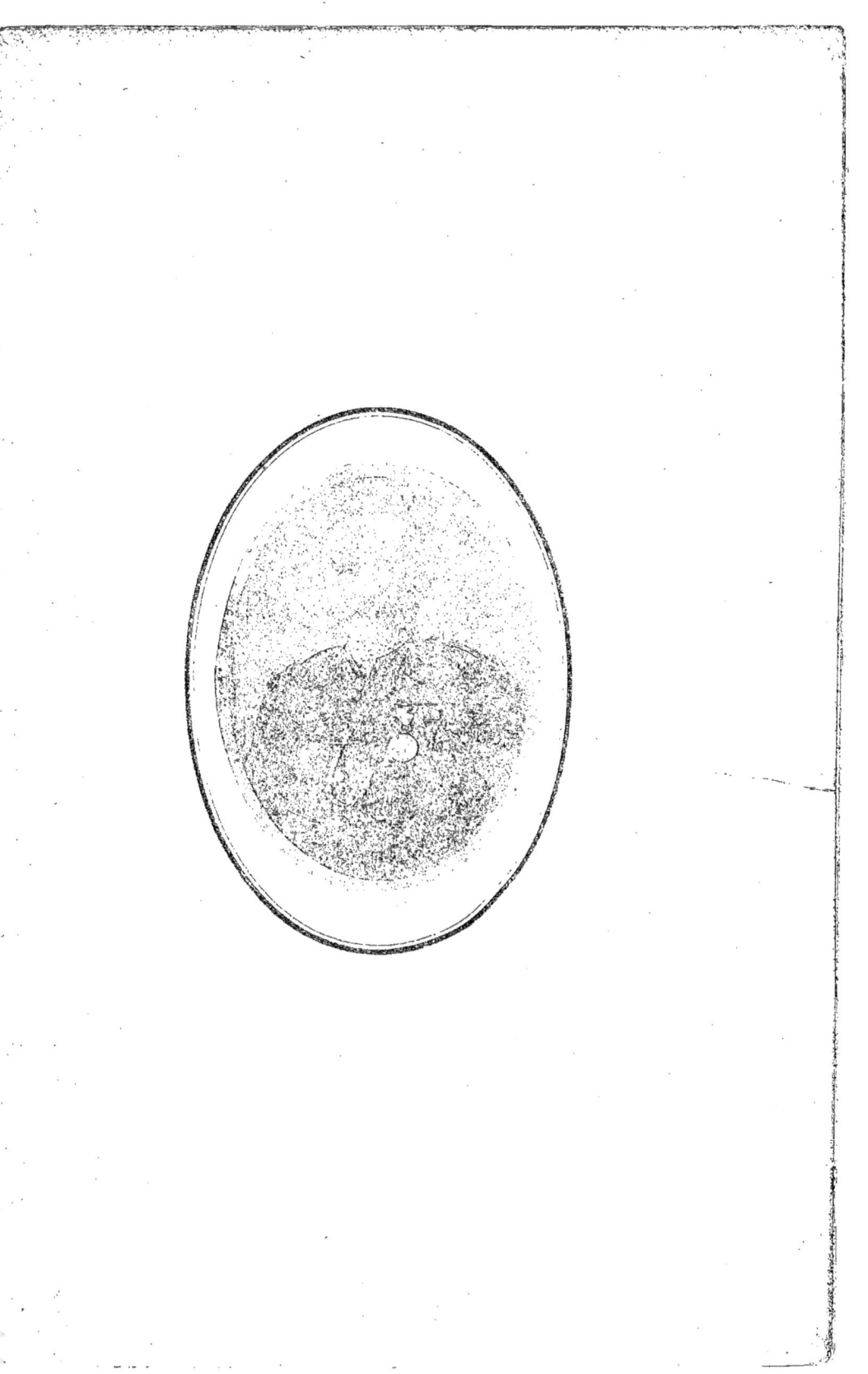

BIOGRAPHIE

DU

Lieutenant Pojasini

Pojasini (Gervais-Antoine-Marie), né le 21 novembre 1825, à Gralio (Italie), vint habiter la ville de Bolbec, vers 1850.

La carrière honorable de cet homme modeste, dont le nom fut, à Bolbec, synonyme de courage et de dévouement, m'autorise et m'engage à le faire connaître au public.

Arrivé à Bolbec, comme ouvrier fumiste, il s'y établi. vers 1852 et exerça cette profession jusqu'en juillet 1892, époque à laquelle il quitta cette ville adoptive, pour aller habiter Nice, où l'appelait son frère, qui avait besoin d'un homme de confiance, pour mettre à la tête de son importante maison.

Pojasini entra à la Compagnie des Sapeurs-Pompiers de Bolbec, en 1863.

Il se distingua, alors qu'il n'était que simple pompier, dans un incendie qui éclata rue du Havre, dans la propriété de M. Leblond, fabricant de mouchoirs.

Dans ce premier sinistre, Pojasini déploya beaucoup

de courage et de sang-froid, et fut un de ceux qui contribuèrent le plus puissamment à circonscrire le foyer d'incendie qui menaçait le quartier tout entier.

La part prise par Pojasini, dans cette circonstance, fut si bien établie, qu'une compagnie d'assurances, *la Rouennaise*, lui manifesta sa reconnaissance en lui faisant hommage d'une médaille en argent.

Quelque temps plus tard, le 14 mars 1866, un nouvel incendie se déclarait, la nuit, place du Marché, à l'*Hôtel du Cheval blanc*, tenu par M. Frédéric Blais.

Pojasini trouva, à nouveau, l'occasion de déployer un sang-froid remarquable et un courage à toute épreuve. On le vit au milieu de ses camarades donner à tous l'exemple le plus méritoire ; au bout de quelques heures les propriétés voisines étaient à l'abri d'une destruction complète.

Les journaux de la localité rendant compte de cet incendie signalèrent, d'une façon toute spéciale, la conduite de celui qu'on appelait déjà le « brave Pojasini ».

Pojasini ne tarda pas à passer caporal, puis sergent ; c'est en cette dernière qualité qu'il assista à l'incendie de la rue Etoupée, dans les ateliers de menuiserie de M. Durand.

Là encore, Pojasini prit une large part dans le sauvetage de tout un quartier de maisons agglomérées et menacées par les flammes.

Le 13 juillet 1865, Pojasini, devenu sergent-fourrier, fut un des premiers sur la brèche, lors de l'incendie rue Guillet, de la maison Wiezbiski, marchand passementier.

Les journaux enregistrèrent à nouveau, avec éloge, l'attitude du « brave Pojasini ».

Il en fut de même lors d'un incendie dans l'établissement industriel, de M. Pimont, pendant lequel la Compagnie des Sapeurs-pompiers rendit de si éminents services.

Pojasini qui avait donné, jusque-là, tant de preuves d'un sang-froid si nécessaire dans les circonstances périlleuses dans lesquelles il s'était trouvé, montra qu'il savait allier au dévouement calme et réfléchi, le sentiment courageux qui pousse l'homme de cœur à risquer sa vie pour sauver l'existence de son semblable.

C'était le 16 juillet 1866. La rivière de Bolbec, considérablement grossie, déborda et produisit une véritable inondation au bas de la ville. M. Bobée, ouvrier tanneur, tombé à la rivière au milieu des débris de toutes sortes charriés par l'eau, allait disparaître pour la dernière fois, Pojasini se précipite à l'eau et réussit, non sans mal, à le ramener sain et sauf à terre.

Deux cents habitants assistaient à ce périlleux sauvetage.

Voici le certificat que lui délivra M. Bobée :

Monsieur POJASINI,

J'ai reçu de vous le plus grand service qu'un homme puisse jamais recevoir d'un de ses semblables. Vous m'avez sauvé la vie et voici dans quelles dramatiques circonstances :

Le 16 juillet 1866, par suite d'un orage épouvantable, une inondation terrible avait lieu au bas de la ville, la rivière sortie de son lit formait, avec les eaux descendues des hauteurs de Saint-Jean, un véritable torrent entraînant sur son passage tout ce qu'il rencontrait.

Ouvrier chez Monsieur Gosselin, tanneur-corroyeur, je cherchais à sauver les marchandises de mon patron qui s'en allaient à la dérive, lorsque je fus violemment entraîné par la force de l'eau ; jeté au milieu du torrent j'allais infailliblement y trouver la mort, mais ne consultant que votre courage, vous vous êtes jeté résolument à mon secours au milieu des flots et des débris de toutes sortes qui surnageaient. Après de généreux efforts, vous êtes parvenu à me ramener sain et sauf à terre. Ce périlleux sauvetage accompli avec autant d'audace que de témérité, avait pour témoins plus de deux cents habitants accourus sur les lieux du sinistre.

Vous remercier, Monsieur, est un devoir qui ne saurait m'acquitter de ma dette envers vous ; ce devoir je le remplis publiquement aujourd'hui avec toute la force de mon âme, ne pouvant autrement vous exprimer toute ma reconnaissance.

Recevez donc, Monsieur et cher Sauveur, l'expression bien sincère de mon entier dévouement pour vous et soyez persuadé que je n'oublierai jamais que je vous dois la vie.

Alexandre-Hospice BOBÉE.

Vint la néfaste guerre de 1870-71 ; l'invasion de la Normandie par les hordes allemandes devait fournir à Pojasini l'occasion de déployer un dévouement patriotique.

Le regretté maire de Bolbec, M. Adolphe Guillet, qui connaissait le caractère courageux de Pojasini, le chargea, à plusieurs reprises, pendant l'occupation de la ville par l'ennemi (décembre 1870 et janvier 1871), de missions aussi délicates que périlleuses. Il s'en acquitta avec un dévouement et un courage dont nous trouvons la constatation dans l'extrait suivant du rapport de l'administration municipale, en 1871 :

Pour guider sûrement les colonnes destinées à notre

défense, nous avions toujours prêt à marcher à leur tête, c'est-à-dire au poste le plus périlleux, Pojasini et l'agent Véniard. Ces intrépides et infatigables citoyens n'ont pas failli un instant, malgré le froid rigoureux, les longues insomnies, la certitude du danger que présentaient leurs démarches.

Nous demandons pour M. Pojasini, à qui chaque sinistre, chaque accident, est une occasion de prouver sa bravoure et son sang-froid, une digne récompense.

Nous demandons aussi que la ville fasse graver une Médaille en or, commémorative, avec l'inscription suivante :

AU BRAVE POJASINI
LA VILLE DE BOLBEC RECONNAISSANTE
INVASION DE 1870-71.

Nous ferons aussitôt toutes démarches utiles pour qu'il soit autorisé à porter légalement ces insignes honorifiques.

Le Conseil municipal s'associa aux éloges de son administration et, le 29 avril 1871, M. Pojasini recevait de M. le Maire de Bolbec, la lettre suivante :

VILLE DE BOLBEC

ARRONDISSEMENT DU HAVRE

Département de la Seine-Inférieure

N°

OBJET :

Le 29 Avril 1871.

Le Maire de la Ville de Bolbec

A Monsieur Pojasini, Bolbec,

MONSIEUR,

Sur l'exposé de l'administration, des services signalés que vous avez rendus à la Ville, pendant l'invasion allemande,

Le Conseil municipal, dans sa séance de ce jour, adoptant les conclusions du rapport de la Commission de ce Conseil chargée de l'examen dudit exposé, vous a voté, à titre de récompense, une médaille d'or commémorative avec l'inscription suivante :

AU BRAVE POJASINI

LA VILLE DE BOLBEC RECONNAISSANTE

INVASION DE 1870-71

Plus une somme de cinq cents francs en espèces que je suis heureux de tenir, dès à présent, à votre disposition.

Veuillez agréer, Monsieur, l'assurance des sentiments d'estime et de reconnaissance de l'administration municipale dont je suis, en cette occasion, le fidèle interprète.

Le Maire,
A. GUILLET.

Je dois ajouter que, pendant l'occupation de Bolbec par l'ennemi, le sous-lieutenant Pojasini rendit de signalés services, lors de l'incendie considérable qui se déclara pendant la nuit du 15 au 16 janvier 1871 dans les écuries de M. Benjamin Auger, rue Ruffin et se communiqua à plusieurs maisons de la rue Guillet.

Un quartier tout entier était menacé par les flammes et l'opinion publique fut unanime pour déclarer qu'on devait au « brave Pojasini » le salut des propriétés voisines du foyer de l'incendie.

Le vendredi 26 mai 1871, un télégramme du chef du Pouvoir exécutif invitait la municipalité bolbécaise à expédier de suite sur Paris, une partie de ses pompes avec un personnel capable et dévoué.

Quarante volontaires furent fournis par la compagnie et quelques habitants acceptèrent bravement la périlleux danger, en même temps que leurs frères du département, d'arracher aux flammes les monuments splendides et les immenses richesses artistiques qui avaient fait de Paris la capitale de la France et la première ville du monde.

Inutile de dire que Pojasini fit partie du détachement bolbécais qui fut placé aux abords du Louvre.

Le *Nouvelliste de Rouen* signala, parmi ceux qui s'étaient le plus distingués, le sous-lieutenant Pojasini de la compagnie des Sapeurs-pompiers de Bolbec.

La compagnie reçut, à cette occasion, une médaille d'argent dont est orné son drapeau.

Ce n'était pas, d'ailleurs, la première fois que Pojasini prenait part à un sinistre dans la capitale.

En 1867, se trouvant de passage à Paris, pendant l'Exposition universelle, il s'était distingué dans l'incendie qui avait éclaté dans le chantier au bois de l'Etat, faubourg Saint-Denis.

Tous ces faits de bravoure et de courage, sont relatés dans une supplique adressée à M. le Préfet de la Seine-Inférieure, par laquelle on demandait pour ce citoyen dévoué, la consécration officielle d'une longue carrière dont chaque étape était marquée par un fait méritoire.

Cette supplique était signée de MM. Fauquet-Fichet, maire de Bolbec ; Eugène Le Maistre, manufacturier, ancien maire de Bolbec ; A. Selle, propriétaire, ancien maire de Bolbec ; l'abbé Morel, curé-doyen de Bolbec, Sohier de Vermandois, pasteur de l'Eglise réformée, président du Consistoire de Bolbec ; Le Maréchal, juge de paix ; Nicaise, père, ancien adjoint au maire de Bolbec ; Alfred Fauquet-Lemaître, manufacturier à Bolbec, ancien membre du Conseil général de la Seine-Inférieure ; Montier-Huet, propriétaire à Bolbec, ancien maire de Lillebonne; Longer-Leflamang, capitaine honoraire de la compagnie des Sapeurs-pompiers de Bolbec ; Lair, Pierre Bons, Hippolyte Bons, A. Seyer, Pelcerf, Ch. Lemaître, F.-L. Lemaître, manufacturiers, à Bolbec ; Lesueur-Goutan, banquier ; D. Lévesque, pharmacien ; Gilles, négociant ; Ach. Cotard, entrepositaire ; A. Deschamps, propriétaire ; Jules Carpentier, régisseur ; Léon Dubosc, directeur des établissements A. Fauquet-Lemaître; F. Lecoq, Léon Frébourg, comptables des mêmes établissements ; Lacaille, pharmacien, conseiller municipal ; A. Lecrocq, propriétaire à Bolbec ; Edouard Dupray, propriétaire ; veuve Gueroult, commerçante ; Eugène Gueroult, employé de banque à Bolbec ; Gustave Sorieul, couvreur ; P. Nicaise fils, inspecteur d'assurances ; veuve Blavot, propriétaire, et Paul Gueroult, employé de commerce à Bolbec.

Malgré toutes ces recommandations, la demande adressée à M. le Préfet resta sans effet.

M. Pojasini ne se découragea pas pour si peu. En effet, il se dévoua à nouveau, à l'incendie qui éclata dans la Grand'Rue, chez M. Muller, libraire, pendant la nuit du 4 au 5 décembre 1879. Sa courageuse conduite lui valut l'attestation ci-après :

Bolbec, le 8 décembre 1879.

A M. Pojasini, lieutenant de la Compagnie des Sapeurs-Pompiers de Bolbec,

Monsieur,

Les soussignés, habitants la Grand'Rue et les rues avoisinantes, assurés qu'ils remplissent un devoir et persuadés qu'ils interprètent les sentiments de toute la population de notre Ville, viennent vous adresser, par la présente, un témoignage public de leur reconnaissance pour votre belle conduite lors de l'incendie arrivé, dans la nuit du 4 au 5 de ce mois, chez leur concitoyen, Monsieur Muller. Ils ont reconnu, depuis longtemps, que vous êtes de ceux qui, ne reculant jamais devant le danger, sont toujours prêts à se dévouer pour secourir leur semblable, et ils sont heureux de pouvoir le proclamer, une fois de plus, en rappelant, ici, que vous avez dans cette circonstance, comme nombre de fois déjà, bien mérité de vos concitoyens.

Au Brave Pojasini, Merci !

G. MULLER, S. GUEROULT, L. THIOUT, L. ORLÉANS, A. PICARD, S. AUBIN, C. CHICOT, A. LACHÈVRE, H. SAINT-AUBIN, BAILLARD FILS, P. NICAISE, E. LEBORGNE, E. MALANDAIN, C. BERTIN, E. GUEROULT, G. PINCHON, BALTRESCA, M. LAMURAY, LE CARPENTIER, E. LACORNE, L. GOUPIL, M. FOUQUAY, I. RENAULT, DUBREUIL, D. LEVESQUE, E. MONMARCHÉ, H. TRUPEL, D. AUVRAY, G. DÉVAUX A. RAGAINE, E. DEHEULLE, DORANGE, PAUMELLE, A. CARRÉ, C. DRUET, GODARD, E. AUGER, A. MANOURY, P. GUEROULT, E. GILLET, SAUNIER.

Enfin, le 18 novembre 1881, un violent incendie se déclarait, vers 9 heures 1/2 du matin, dans la filature du Val-Ricard, sise à Bolbec, rue Jacques-Fauquet.

Cette filature à rez-de-chaussée, surmontée de trois étages, fut complètement dévorée par les flammes.

M. Pojasini, placé sur une haute charpente dominant l'immense brasier, dût se résoudre, sollicité par ses collègues, à quitter ce poste périlleux, dans la crainte d'être rôti vif.

L'avertissement qui lui fût donné était bon. En effet, le feu continuant son œuvre de destruction, occasionna, cinq minutes plus tard, l'effondrement complet de toute la charpente du vaste bâtiment.

La courageuse conduite de M. Pojasini, fut, en cette circonstance comme dans tant d'autres, remarquée de tous les spectateurs.

Par décret du Ministre de l'intérieur, en date du 16 novembre 1888, M. Pojasini fut nommé lieutenant de la compagnie des sapeurs pompiers de Bolbec.

Enfin, par décret du 26 mai 1891, le gouvernement se décida à récompenser la belle et longue carrière du lieutenant Pojasini, en lui décernant une médaille en argent, 2ᵉ classe, pour s'être distingué dans diverses circonstances et comme ayant 39 ans de service.

C'était peu, pour tant de dévouement, mais enfin c'était quelque chose, et cette médaille, M. Pojasini pouvait fièremeint la porter à côté de celle en or qui lui avait été délivrée en 1871, par la ville de Bolbec.

M. Pojasini, ainsi qu'on l'a vu au début de cette biographie, n'était pas français de naissance, mais il l'était de cœur, comme il en donna les preuves en maintes circonstances et notamment en 1870-71.

Aussi, voulut-il régulariser sa situation dès qu'il le put. Il fit les démarches nécessaires à cet effet, et le 28 avril 1878, le gouvernement rendait le décret suivant :

MINISTÈRE
DE LA JUSTICE

Division
DU SCEAU

N° 723. X. 77.

LE PRÉSIDENT DE LA RÉPUBLIQUE FRANÇAISE,

Sur le Rapport du Garde des Sceaux Ministre de la Justice,

Décrète :

Article premier

Pojasini (Gervais-Antoine-Marie), né le 21 novembre 1825 à Gralio (Italie), fumiste, demeurant à Bolbec (Seine-Inférieure),
Est autorisé à établir son domicile en France pour y jouir des droits civils tant qu'il continuera d'y résider.

Art. 2.

Le Garde des Sceaux, Ministre de la Justice, est chargé de l'exécution du présent décret, qui sera inséré au *Bulletin des Lois.*

Fait à Paris, le vingt avril mil huit cent soixante-dix-huit.

Signé : Maréchal de MAC-MAHON.

Le Garde des Sceaux, Ministre de la Justice,
Signé : J. Dufaure.

Pour ampliation :
Le Sous-Secrétaire d'Etat,
Illisible.

Trois ans plus tard, c'est à-dire le 12 mars 1881, la naturalisation de M. Pojasini était complètement régularisée, par le décret ci-après :

MINISTÈRE
DE LA JUSTICE

Division
DU SCEAU

N° 723. X. 77

LE PRÉSIDENT DE LA RÉPUBLIQUE FRANÇAISE

Sur le Rapport du Garde des Sceaux, Ministre de la Justice,

Le Conseil d'Etat,

DÉCRÈTE :

Article premier

Pojasini, Gervais-Antoine-Marie, fumiste, né le 21 novembre 1825, à Gralio, Italie, demeurant à Bolbec (Seine-Inférieure),
Est admis à jouir des droits de citoyen Français.

Art. 2.

Le Garde des Sceaux, Ministre de la Justice, est chargé de l'exécution du présent décret, qui sera inséré au *Bulletin des Lois*.

Fait à Paris, le douze mars mil huit cent quatre-vingt-un.

Signé : JULES GRÉVY.

Le Garde des Sceaux, Ministre de la Justice,

Signé : Jules CAZOT,

Pour ampliation :

Le Sous-Secrétaire d'Etat,

C. MARTIN-FEUILLET.

Comme je l'ai dis en commençant, M. Pojasini a dû quitter Bolbec en 1892.
Ayant, à cet effet, donné sa démission de lieutenant de la compagnie des Sapeurs-pompiers de Bolbec,

M. le Maire lui adressa la lettre suivante, qui résume bien les immenses services rendus par M. Pojasini à la ville de Bolbec :

VILLE de BOLBEC   RÉPUBLIQUE FRANÇAISE

CABINET
du
MAIRE

Bolbec, le 24 Mai 1892.

Mon cher Lieutenant,

J'ai l'honneur de vous accuser réception de votre démission de Lieutenant de la Compagnie de Sapeurs-Pompiers de Bolbec.

En vous en donnant acte, je me fais un devoir de vous informer que c'est avec regret que je vous vois partir d'une compagnie dans laquelle vous avez rendu, pendant plus de 40 ans, de nombreux et éminents services. La ville de Bolbec les connaît ; je vous remercie en son nom et vous prie d'agréer, mon cher Lieutenant, l'expression de mes meilleurs sentiments.

Le Maire,

J. PASSAS, *adjoint.*

Monsieur Pojasini, Lieutenant de la Compagnie des Sapeurs-Pompiers de Bolbec.

Les hommes et officiers de la compagnie des Sapeurs pompiers, désireux de prouver la sympathie et la reconnaissance qu'ils avaient pour celui qui, à chaque occasion périlleuse, leur avait donné le bon exemple, décidèrent, pour en perpétuer le souvenir, de lui offrir par souscription, un cadeau en témoignage de leur amitié.

Un magnifique médaillon en bronze représentant en buste, le grand tribun Léon Gambetta (dans un large cadre entouré de peluche écarlate), lui fut solennellement remis, au cours de la Fête nationale, le 14 juillet 1892, par M. Léon Desgenétais, maire, en présence de MM. Passas et I. Auger, adjoints, des membres du Conseil municipal, des fonctionnaires de la ville et de la compagnie des Sapeurs-pompiers.

M. le Maire, au nom de ses concitoyens, remercia, en termes émus, M. Pojasini de son courageux et dévoué concours, pendant les longues années passées dans la ville de Bolbec.

Les nombreuses personnes qui assistaient à cette cérémonie applaudirent et félicitèrent chaleureusement le « brave Pojasini », lequel se retira vivement impressionné par cette touchante manifestation, qui lui prouvait toute l'estime et la sympathie que ses concitoyens avaient pour lui.

Voici, en quelques mots, la vie de celui qui, pendant plus de quarante ans, fit partie de la compagnie des Sapeurs-pompiers de Bolbec, qu'il honora de sa présence, et dans laquelle y rendit, comme l'a dit si justement l'honorable adjoint au Maire de Bolbec, M. Passas, de nombreux et éminents services.

Puisse cette courte biographie, tomber sous les yeux de qui de droit, et faire obtenir au brave Pojasini, la récompense qui lui appartient véritablement.

G.-F. Mauconduit.

Bolbec, le 15 mars 1896.

HISTOIRE DE BOLBEC
par
G.-F. Mauconduit
1 Volume de 100 pages...... 1 fr. 25

Biographie du général Ruffin
par
G.-F. Mauconduit
1 plaq. de 32 p^s. (avec portrait)   1 fr. »»

HISTOIRE DES RUES DE BOLBEC
par
G.-F. Mauconduit
1 volume de 232 pages, broché.   3 fr. »»
1 volume de 232 pages, relié...   5 fr. »»

LES PRUSSIENS A BOLBEC
par
G.-F. Mauconduit
1 vol. bro. de 102 p^s avec portr.   2 fr. »»
1 vol. reliure riche avec portr.   5 fr. »»

En vente, chez l'Auteur à Bolbec, 10, rue du Val Ricard.

===

POUR PARAITRE PROCHAINEMENT
LE LIVRE D'OR DES BOLBÉCAIS

Le Commerce et l'Industrie de Bolbec

Histoire des Communes du Canton de Bolbec
Par G.-F. Mauconduit.

www.ingramcontent.com/pod-product-compliance
Lightning Source LLC
Chambersburg PA
CBHW070500080426
42451CB00025B/2956